BEI GRIN MACHT SICH IHR WISSEN BEZAHLT

- Wir veröffentlichen Ihre Hausarbeit, Bachelor- und Masterarbeit

- Ihr eigenes eBook und Buch - weltweit in allen wichtigen Shops

- Verdienen Sie an jedem Verkauf

Jetzt bei www.GRIN.com hochladen und kostenlos publizieren

Bibliografische Information der Deutschen Nationalbibliothek:

Die Deutsche Bibliothek verzeichnet diese Publikation in der Deutschen Nationalbibliografie; detaillierte bibliografische Daten sind im Internet über http://dnb.d-nb.de/ abrufbar.

Dieses Werk sowie alle darin enthaltenen einzelnen Beiträge und Abbildungen sind urheberrechtlich geschützt. Jede Verwertung, die nicht ausdrücklich vom Urheberrechtsschutz zugelassen ist, bedarf der vorherigen Zustimmung des Verlages. Das gilt insbesondere für Vervielfältigungen, Bearbeitungen, Übersetzungen, Mikroverfilmungen, Auswertungen durch Datenbanken und für die Einspeicherung und Verarbeitung in elektronische Systeme. Alle Rechte, auch die des auszugsweisen Nachdrucks, der fotomechanischen Wiedergabe (einschließlich Mikrokopie) sowie der Auswertung durch Datenbanken oder ähnliche Einrichtungen, vorbehalten.

Impressum:

Copyright © 2017 GRIN Verlag
Druck und Bindung: Books on Demand GmbH, Norderstedt Germany
ISBN: 9783668733824

Dieses Buch bei GRIN:

https://www.grin.com/document/429293

Lisa Schulz

Der intelligente Container als transparenzbildende Maßnahme der Prozesskette im Lademittelmanagement

Im Hinblick auf den angedachten RFID-Ansatz aus der Fallstudie "Radio Ga-ga?"

GRIN Verlag

GRIN - Your knowledge has value

Der GRIN Verlag publiziert seit 1998 wissenschaftliche Arbeiten von Studenten, Hochschullehrern und anderen Akademikern als eBook und gedrucktes Buch. Die Verlagswebsite www.grin.com ist die ideale Plattform zur Veröffentlichung von Hausarbeiten, Abschlussarbeiten, wissenschaftlichen Aufsätzen, Dissertationen und Fachbüchern.

Besuchen Sie uns im Internet:

http://www.grin.com/

http://www.facebook.com/grincom

http://www.twitter.com/grin_com

Essay

Aktuelle Themen und Entwicklungen in der Logistik

Der intelligente Container als transparenzbildende Maßnahme der Prozesskette im Lademittelmanagement, im Hinblick auf den angedachten RFID-Ansatz aus der Fallstudie „Radio Ga-ga?"

Vorgelegt von: Lisa Schulz
Fach: Betriebswirtschaftslehre
Semester: 5
Abgabetermin: 30. November 2017

Lüneburg im November 2017

Jeden Tag nutzen wir ganz selbstverständlich Produkte, die von überall auf der Welt herkommen und für uns trotzdem zu beinahe jeder Zeit verfügbar sind. Der globalisierte Markt unserer Zeit macht es möglich. Doch die Herausforderungen die sich dieser jeden Tag stellen muss, wachsen stetig. Ein beliebter und hochfrequentierter Zweig der dahintersteckenden Logistik ist die Luftfahrtbranche und die zugehörige Luftfrachtbeförderung. Durch die wachsenden Anforderungen bezüglich Flexibilität, Mobilität, Effektivität, Effizienz etc., untersteht diese Branche einem ständigen Handlungs- und Optimierungsbedarf um die logistischen Prozesse zu beschleunigen. Ein innovatives, effektives Informations- und Kommunikationssystem ist daher unabdingbar. In bisherigen Vorhaben waren Ansätze unter dem Thema RFID angedacht und ausprobiert worden, allerdings sind die Kosten zum Ausbau der notwendigen Infrastruktur zu hoch, um innovative Ansätze im letzten Schritt realisieren zu können.

Aus diesem Grund entwickelt der ULD-Management-Dienstleister Jettainer in einem Verbundvorhaben zusammen mit der InnoTec DATA GmbH & Co. KG, der PalNet GmbH, der EnOcean GmbH, dem Fraunhofer-Institut für Materialfluss, der Logistik IML und der Lufthansa Cargo AG als Konsortialführer, energieautarke, intelligente Netzwerke von Lightweightcontainern in der Luftfrachtindustrie. Das gesamte Projekt steht unter dem Namen „DyCoNet" - Dynamische Container Netzwerke, soll bereits bestehende Infrastrukturen nutzen und Transparenz innerhalb der Prozesskette schaffen.[1] Dies soll eine Erhöhung der Prozessqualität zur Folge haben, da eine Vermeidung von Misroutings und Fehlverladungen unterbunden werden sollen.

Im Folgenden soll dieses Vorhaben, in Anbetracht des Scheiterns des RFID-Ansatzes der Fallstudie „Radio Ga-ga?"[2], näher betrachtet, kritisch reflektiert und diskutiert werden.

Im April 2010 startet das Projekt DyCoNet unter der Projektleitung des Konsortialführers Lufthansa Cargo AG und setzt sich als Ziel

---

[1] Fraunhofer-Institut für Materialfluss und Logistik IML: „DyCoNet – Dynamisches Container Netzwerk", unter: http://www.autonomik.de/documents/Produktblatt_Dyconet.pdf (abgerufen am 28.11.2017).
[2] Bellmann, Klaus; Himpel, Frank: Fallstudien zum Produktionsmanagement, Radio Ga-ga?. Gabler, 2008, S. 169-179.

energieautarke, völlig autonome Luftfrachtcontainer mit überall erreichbaren Technologien, wie GSM/GPRS und GPS, in einem Zeitraum von drei Jahren zu entwickeln. Dafür sollen bereits bestehende Infrastrukturen und Hardware genutzt werden. Das dabei bis dato existierende Problem, war die Verwendung von GSM/GPRS und GPS, da während der Flugphase des Flugzeuges kein Funk gesendet werden darf, um Systemausfälle zu vermeiden. Dank GSM/GPRS und GPS ist eine globale Datenübertragung von den Containern zu verschiedenen verknüpften ULD-Managementsystemen möglich, was einen schnelleren Informationsaustausch fördert. Dieses Problem kann durch eine Komponente der Lufthansa Cargo AG umgangen werden, da das entwickelte Gerät sich selbst während des Fluges abschaltet und bei Bodenkontakt seine Funktion wiederaufnimmt.[3]

Im Gegensatz zum RFID-Ansatz wird eine globale Datenübertragung im Sinne eines Agentennetzwerks ermöglicht, die zudem auch von Container zu Container funktioniert. Um Informationen mithilfe von RFID zu übermitteln, sind sowohl Lesegeräte als auch Transponder nötig, die eine gewisse Reichweite jedoch nicht überschreiten können. Durch die im intelligenten Container eingefügte GPS-Komponente, wird eine Standortbestimmung in Echtzeit zugelassen und damit ein weltweites Tracking und Tracing. Daraus ergibt sich eine ganze neue Systemstruktur, nämlich eine service- und kundenorientierte; denn Verspätungen oder sonstige Umstände, sind direkt für den Kunden abrufbar und entsprechende Maßnahmen können ergriffen werden.[4] Allerdings nur, wenn sich das ULD am Boden befindet, was beim näheren Betrachten der Umstände einen ernstzunehmenden Aspekt der zukünftigen Entwicklungen darstellt.

In bestimmten Fällen jedoch kann der Container diese Maßnahmen selbst ausführen, da es ihm die neu eingebaute Komponente ermöglicht mit anderen Containern zu kommunizieren und autonom zu handeln. Fehlt also an einer bestimmten Stelle ein Lademittel, kann der Container ein entsprechendes anfordern. Auf die gleiche Weise können Zusammenladbarkeitsüberprüfungen durchgeführt werden, die es dem

---

[3] DyCoNet dynamisches Container Netzwerk:"Das Projekt", unter: http://www.dyconet.de/p/uber-das-projekt.html (abgerufen am 29.11.2017).
[4] Ebd.

Container ermöglichen selbst zu prüfen, ob bestimmte Sendungen gemeinsam transportiert werden dürfen; im Falle von verschiedenen Gefahrgütern, würde also eine Warnung ausgehen und die entsprechende Kombination der Container unterbunden werden.[5] Im Rückblick auf ein RFID-Netzwerk, müssen solche Anfragen über Jettainer direkt geregelt werden und können in mancherlei Fällen nicht so schnell erkannt werden, da auf menschliches Handeln vertraut werden muss, was Zeit und Aufwand kostet.[6]

Weitere intelligente Elektronik, in miniaturisierter Form, die in den neuen ULDs verbaut ist, stellt digitale Frachtpapiere bereit. Diese beinhalten die aktuelle Position, die Zieldestination, eventuelle Zwischenziele, Informationsinhalte und verschiedene Logs, wie Schäden, Reparaturen und Türöffnungen. Als Folge ist eine effektivere Verladekontrolle auf dem Vorfeld möglich, da Ladelisten direkt abgeglichen werden können und somit Fehlverladungen und Misroutings unterbunden und verhindert werden können.[7] Auch ist es vorstellbar für bestimmte ULDs, wie Kühlcontainer, einen aktuellen Status der Temperatur abzufragen oder eine direkte Qualitätskontrolle empfindlicher Waren durchzuführen. Eine Überwachung und Kontrolle dieser Systeme erleichtert die Handhabung, insbesondere für den jeweiligen Kunden und den Auslieferer der Ware. So haben sie wichtige Informationen zu Status und Qualität des Gutes immer im Blick. Außerdem sorgen digitale Frachtpapiere und deren ständige Abrufbarkeit für deutlich mehr Transparenz in der Prozesskette als es bisher möglich war. Dazu trägt auch die Speicherung von Historieninformationen bei.[8] Dank solcher intelligenter Elektronik ist es im Bereich des Möglichen eine ortsbezogene Inventur direkt durchführen zu können, da alle Daten des jeweiligen Containers zur Echtzeit abgefragt werden können. Durch die Bereitstellung derartiger Frachtpapiere, ist eine automatische Verladbarkeitsüberprüfung realisierbar, anhand derer festgestellt werden kann, ob die jeweilige Sendung mit einem bestimmten Flugzeug

---

[5] Ebd.
[6] Bellmann, Klaus; Himpel Frank (2008): S.174.

[7] Autonomik: „DyCoNet – Dynamische Container Netzwerke", unter:
http://www.autonomik.de/documents/DyCoNet_v2.pdf (abgerufen am 29.11.2017).
[8] Fraunhofer-Institut für Materialfluss und Logistik IML: „DyCoNet – Dynamisches Container Netzwerk", unter:
http://www.autonomik.de/documents/Produktblatt_Dyconet.pdf (abgerufen am 28.11.2017).

transportiert werden darf; weitergedacht wird dieser Gedanke mit der oben genannten Zusammenladbarkeitsprüfung.[9]

Frachtpapiere mit entsprechenden Informationen gibt es ungeachtet dessen auch beim Konzept der RFID, meines Wissens ausgenommen eine automatische Verladbarkeitsüberprüfung und Zusammenladbarkeitsprüfung. Die entsprechenden Informationen, die auch beim Ansatz der RFID zu Tage treten, sind im Vergleich dazu allerdings im entsprechenden Transponder gespeichert und können nur mithilfe eines Lesegerätes identifiziert werden und dies auch nur aus einer bestimmten Distanz.[10] Dadurch wird eine ortsbezogene Inventur erschwert aber nicht komplett ausgeschlossen. Diese wäre allerdings mit einem Mehraufwand verbunden. Jedoch ist es bei beiden Konzepten nur durch ein manuelles Auslesen und eine Datenübertragung während des Fluges über eine aktive Internetverbindung möglich, einen zeitaktuellen Bericht über den Status der im Container befindlichen Güter an den jeweiligen Kunden am Boden zu übermitteln. Dadurch, dass aktive Funkverbindungen während der Flugphase strengstens durch gesetzliche Regelungen untersagt sind, besteht zum heutigen Zeitpunkt keine andere Option.

Unabhängig vom Netzstrom oder Batterien und somit auch von großem zeitlichen Aufwand, der z.B. beim Austauschen der Batterien auftreten würde, soll der Container durch „Energy Harvesting" werden. Da die elektronischen Systemkomponenten sowohl am Boden, als auch in der Luft, mit Strom versorgt werden müssen, um die Handhabung eines autonomen Containers zu ermöglichen, muss ein völlig autarkes Energiekonzept die Speisung übernehmen. Energy Harvesting versorgt diese Komponenten selbstständig mit aus der Umwelt gewonnener Energie über verschiedene Sensoren. Energiequellen können z.B. Vibrationen, Licht oder Temperaturen sein. Somit ist ein Aufladen der Module oder ein Austauschen von Batterien nicht notwendig und eine Verzögerung, die eine Erhöhung des Rotationszyklus eines Containers unterbinden würde, bleibt aus. Zudem werden über diese Sensoren Handlungen und

---

[9] Autonomik: „DyCoNet – Dynamische Container Netzwerke", unter: http://www.autonomik.de/documents/DyCoNet_v2.pdf (abgerufen am 29.11.2017).
[10] Bellmann, Klaus; Himpel, Frank (2008): S. 176.

Bewegungen im Umfeld erkannt und bei Bedarf kann ein Alarm vom Container ausgehen, um eventuell negative Konsequenzen zu verhüten.[11]

Am Beispiel RFID ist eine solche Energiegewinnung und -speisung nicht notwendig, da die genannten Funktionen nicht vorhanden sind. Zwar ist es möglich auch diese ULDs mit GPS auszustatten, jedoch mit dem Gedanken daran sie auf dem Vorfeld des Flughafens schneller orten zu können. Diese Lademittel können untereinander nicht kommunizieren und müssen nicht rund um die Uhr autark mit Energie versorgt werden. Erst wenn sie zum Einsatz kommen oder auf Reparaturen und ähnliches geprüft werden, werden ihre Informationen ausgelesen und verarbeitet.[12] Jedoch ist nicht auszuschließen, dass auch dieser Fall weiter hätte gedacht werden können und beide Komponenten zu einem zu vereinen. Der intelligente Container steht quasi in ständiger Bereitschaft, um von anderen Containern kontaktiert werden zu können und jeder Zeit bereit zu sein, um im gegebenen Fall „einspringen" zu können. Auch für den RFID-Ansatz mit ähnlichem Ziel – einer besseren Verfügbarkeit an ULD – stellt dieser Gedanke eine durchaus plausible Option dar.

Der Stand heute zeigt, dass das Kapitel intelligenter Container, oder auch Smart ULD, noch nicht abgeschlossen ist. Das Projekt DyCoNet sollte zwar nach drei Jahren, also 2013, beendet sein, jedoch sind keine Informationen zum damaligen Stand auffindbar gewesen. Carsten Hernig, der Geschäftsführer der Jettainer GmbH, kündigte im Jahr 2014 an, dass sein Unternehmen, „in Zusammenwirken mit anderen industriellen Partnern an einem Ultra-Leichtgewichtscontainer arbeite"[13] was zu einem Einsparen des Kerosinverbrauchs führen soll. Da das Umweltthema eine starke Rolle im Geschäftsfeld des Unternehmens aufweist, soll in diese Richtung vielfach weitergearbeitet werden. Auch der zuvor untersuchte intelligente Container aus dem Verbundprojekt DyCoNet, ist bis heute nicht verworfen worden. Laut Internetpräsenz der Seite „Lufthansa Industry Solutions" kooperiert arbeitet Jettainer Hand in Hand mit IT-Experten der Lufthansa Industry

---

[11] DyCoNet dynamisches Container Netzwerk:"Das Projekt", unter: http://www.dyconet.de/p/uber-das-projekt.html (abgerufen am 29.11.2017).
[12] Bellmann, Klaus; Himpel, Frank (2008): S. 177.
[13] Airliners: „Jettainer gründet US-Tochter", unter: http://www.airliners.de/jettainer-us-tochter/33935 (abgerufen am 29.11.2017).

Solutions, mit dem Ziel einen intelligenten Container zu schaffen.[14] Stand 2016.[15] Dieser soll alle zuvor genannten Aspekte, die im DyCoNet Projekt angedacht und untersucht worden sind, aufgreifen. Weitere Schritte und Maßnahmen werden hingegen nicht genannt.

Im Rückblick auf die vorangegangene Betrachtung eines intelligenten Containers und dem RFID-Ansatz der Fallstudie, wird klar, dass fortschreitende Ansprüche des globalisierten Marktes der heutigen Zeit, nach etwas weiter technologisch ausgereiften als RFID fragen. Ein autonom handelndes, kostengünstigeres und nicht-stationäres und transparentes Netzwerk muss dem heutigen Wandel und den neuen Entwicklungen Stand halten können. Grenzenlose Vernetzung aller Objekte muss das Ziel sein. Sowohl zwischen den Ladungsträgern selbst, als auch zwischen diesen und den Dienstleistern, Kunden. Der intelligente Container ist ein Schritt in die richtige Richtung und vereint verschiedene Technologien um dem heutigen Markt gerecht zu werden. Die Forschung und Entwicklung hat gerade erst begonnen und ein Container, der noch nicht einmal auf dem Markt ist, wird stetig weiterentwickelt und neu überdacht. Der globalisierte Markt ist schnelllebig und verlangt hundertprozentige Lösungen, keine unausgereiften Prototypen. Aus diesem Grund, muss ein Container, wie der des Projekts DyCoNet schnellstmöglich auf den Markt kommen, in einem Zustand, der dem momentan modernsten und fortschrittlichsten Standards gerecht wird. Meines Erachtens ist die Technologie des Containers bisher soweit fortgeschritten, um dieses Ziel erreichen zu können; lediglich der Stand der Realisierbarkeit ist noch nicht weit genug fortgeschritten um Serienreife zu suggerieren, wie durch die vorangegangene Zeit seit dem Projekt DyCoNet bewusst wird. Nach den aufgezählten Betrachtungen des RFID-Konzepts wird klar, dass dieses im Vergleich zum intelligenten Container zu viele Neuerungen in der Infrastruktur benötigen würde und zudem auch nur wenige Funktionen des intelligenten Containers vorweisen kann. Die Konzentration auf eine bessere Distribution von ULDs ist nicht weit genug gedacht. Daher

---

[14] Lufthansa Industry Solutions: „Intelligente Container: Infos zu Standort und Zustand in Echtzeit", unter: https://www.lufthansa-industry-solutions.com/de-de/newsroom-downloads/news/intelligente-container-infos-zu-standort-und-zustand-in-echtzeit/ (abgerufen am 29.11.2017).
[15] Verkehrs Rundschau: „Jettainer will intelligenten Container entwickeln", untere: https://www.verkehrsrundschau.de/nachrichten/jettainer-will-intelligenten-container-entwickeln-1842821.html (abgerufen am 28.11.2017).

macht eine Weiterverfolgung dieses Ansatzes in Betrachtung des Konzepts der Fallstudie wenig Sinn. Die Entwicklungen des intelligenten Containers und die Konzentration auf dieses Projekt sind soweit fortgeschritten, dass ein Einholen oder sogar Überholen der Technologien des intelligenten Containers absurd erscheint und Geldverschwendung gleichkommen würde. Jettainer verfolgt daher meiner Meinung nach den richtigen Weg, um dem aktuellen Zeitgeschehen die Stirn zu bieten, indem sie sich nicht auf eine Dimension fixieren, sondern versuchen mehrere Probleme, die zwar mit einem großen Gedanken einhergehen, in einem Konzept anzudenken und im nächsten Schritt zu lösen. Sie gehen mit der Weiterentwicklung der Energieversorgungen einen Schritt tiefer in die Materie und lösen so ein Problem, das anders viel Zeit und Geld gekostet hätte. Den Aspekt der Transparenz greifen sie vollständig auf und ermöglichen einen quasi Rundumblick über die Befindlichkeiten des Containers. DyCoNet oder heute auch die Zusammenarbeit von Jettainer und Lufthansa Industry Solutions, sind Projekte die Zukunft haben und den Fortschritt unserer weiterwachsenden Gesellschaft und unserer Technologien ausmachen.

Quellenverzeichnis

Airliners: „Jettainer gründet US-Tochter", unter: http://www.airliners.de/jettainer-us-tochter/33935 (abgerufen am 29.11.2017).

Autonomik: „DyCoNet - Dynamische Container Netzwerke", unter: http://www.autonomik.de/documents/DyCoNet_v2.pdf (abgerufen am 29.11.2017).

Bellmann, Klaus; Himpel, Frank: Fallstudien zum Produktionsmanagement, Radio Ga-ga?. Gabler, 2008, S. 169-179.

Bundesministerium für Wirtschaft und Energie, Autonomik: „DyCoNet - Dynamisch, autonomes, energieautarkes Container Netzwerk in der Luftfrachtindustrie", unter: http://www.autonomik.de/de/dyconet.php (abgerufen am: 29.11.2017).

DyCoNet dynamisches Container Netzwerk:"Das Projekt", unter: http://www.dyconet.de/p/uber-das-projekt.html (abgerufen am 29.11.2017).

Fraunhofer-Institut für Materialfluss und Logistik IML: „DyCoNet - Dynamisches Container Netzwerk", unter: http://www.autonomik.de/documents/Produktblatt_Dyconet.pdf (abgerufen am 28.11.2017).

Fraunhofer-Institut für Materialfluss und Logistik IML: „DyCoNet - Dynamisches Container Netzwerk", unter: https://www.industrie40.iml.fraunhofer.de/de/ergebnisse/dyconet.html (abgerufen am 28.11.2017).

Fraunhofer-Institut für Materialfluss und Logistik IML: „Tracking & Tracing", unter: https://www.iml.fraunhofer.de/de/abteilungen/b1/verpackungs_und_handelslogistik/autoid/DL_AutoID/tracking_tracing.html (abgerufen am 29.11.2017).

Lufthansa Industry Solutions: „Intelligente Container: Infos zu Standort und Zustand in Echtzeit", unter: https://www.lufthansa-industry-solutions.com/de-de/newsroom-downloads/news/intelligente-container-infos-zu-standort-und-zustand-in-echtzeit/ (abgerufen am 29.11.2017).

Verkehrs Rundschau: „Jettainer will intelligenten Container entwickeln", untere: https://www.verkehrsrundschau.de/nachrichten/jettainer-will-intelligenten-container-entwickeln-1842821.html (abgerufen am 28.11.2017).

Von Janczewski, Bettina: „Bosch und Fraunhofer lassen das Internet der Dinge Wirklichkeit werden", unter: https://www.iml.fraunhofer.de/de/presse_medien/pressemitteilungen/bosch-und-fraunhofer-lassen-internet-der-dinge-wirklichkeit-werd.html (abgerufen am 29.11.2017).

YouTube. „DyCoNet Part 1.avi", unter: https://www.youtube.com/watch?v=Ec6MTsk1geY (abgerufen am 28.11.2017).

YouTube: „DyCoNet Part 2.avi", unter: https://www.youtube.com/watch?v=jD12m66veA0 (abgerufen am 28.11.2017).

BEI GRIN MACHT SICH IHR WISSEN BEZAHLT

- Wir veröffentlichen Ihre Hausarbeit, Bachelor- und Masterarbeit

- Ihr eigenes eBook und Buch - weltweit in allen wichtigen Shops

- Verdienen Sie an jedem Verkauf

Jetzt bei www.GRIN.com hochladen und kostenlos publizieren